MARC GROSSMAN

un goûter à new york

BROWNIES, CARROT CAKE, CHEESECAKE, PANCAKES...

PHOTOGRAPHIES DE CHARLOTTE LASCÈVE
STYLISME D'ÉLODIE RAMBAUD
ILLUSTRATIONS DE JANE TEASDALE
DIRECTION ARTISTIQUE DE FABIENNE CORON

LES PETITS PLATS
MARABOUT
ORIGINAUX & AUTHENTIQUES
DEPUIS L'AN 2000

SOMMAIRE

cakes

À New York, les cakes ont toutes les formes et toutes les tailles. Il y a les grands cercles festifs, les «loafs» qui sont cuits dans des moules à pain rectangulaires, les roulés comme les «cinnamon rolls», les muffins et les cupcakes, que l'on cuit dans des moules individuels de diverses formes, et bien sûr les pancakes, qui ne cuisent pas dans un moule mais qui trouvent leur forme circulaire dans l'interaction de la pâte avec la poêle.

LE DÉMOULAGE : Parfois, démouler un cake peut être difficile. Même si vous utilisez un moule dit « antiadhésif », je vous conseille de toujours bien le beurrer.

cheesecake

Voici le meilleur moyen de se retrouver à New York sans prendre l'avion. Ce gâteau new-yorkais ultraclassique est facile à faire, à condition de respecter deux règles essentielles : beurrer les côtés du moule APRÈS avoir précuit la pâte et sortir le gâteau du four quand il est encore tremblotant au centre.

POUR LA CROÛTE

180 g de biscuits à thé émiettés
90 g de beurre doux fondu
20 g de sucre en poudre

POUR LA CRÈME DE FROMAGE

540 g de fromage nature à tartiner
(à 25 % de matières grasses,
type Philadelphia®)
160 g de sucre en poudre
½ c. à c. de sel
40 g de farine T55 ou T65
le jus et le zeste râpé de 1 citron
36 cl de crème fraîche (à 30 %
de matières grasses)
5 œufs moyens
1 jaune d'œuf
½ c. à c. d'extrait de vanille

POUR LE GLAÇAGE (facultatif)

22,5 cl de crème fraîche
2 c. à s. de sucre en poudre

moule rond de 22 cm de diamètre ou
6 moules ronds de 12 cm de diamètre

LA CROÛTE

Préchauffer le four à 175 °C (chaleur tournante). Mélanger les biscuits émiettés, le sucre et le beurre fondu, puis tapisser de ce mélange le fond, de préférence amovible, d'un moule beurré de 22 cm de diamètre ou de 6 petits moules de 12 cm, en tassant bien avec le fond d'un verre. Enfourner et laisser cuire pendant 15 minutes (10 minutes pour les petits moules). Sortir la croûte du four et augmenter la température de ce dernier à 225 °C.

LA CRÈME DE FROMAGE

En respectant l'ordre dans lequel sont indiqués les ingrédients de la crème de fromage, les mélanger en fouettant jusqu'à obtention d'une crème lisse et homogène. Verser le mélange sur la croûte.

LA CUISSON

Enfourner pour 10 minutes (5 minutes pour les petits). Sans ouvrir le four, baisser la température à 120 °C (150 °C pour les petits) et prolonger la cuisson de 1 h 15 (de 30 minutes pour les petits). La crème doit être toujours un peu tremblotante au centre. Laisser refroidir et réserver au réfrigérateur pendant au moins 4 heures.

LE GLAÇAGE

Bien mélanger la crème fraîche et le sucre et sortir le gâteau du four 15 minutes (5 minutes pour les petits) avant la fin de la cuisson. Le recouvrir de glaçage à l'aide d'une spatule et le remettre au four pour le temps restant.

cheesecake aux fruits

J'adore le cheesecake nature tout seul, mais il peut aussi servir de base pour différentes garnitures aux fruits. En voici trois versions qui utilisent une technique simple : mélanger des fruits frais et de la confiture.

**POUR LE TOPPING
DE FRAISES AUX PIGNONS**

125 g de fraises coupées
en tranches

2 c. à c. de pignons de pin

2 c. à s. de confiture de fraises

2 c. à c. d'eau

**POUR LE TOPPING
DE FRAMBOISES**

125 g de framboises entières

2 c. à s. de confiture de framboises

2 c. à c. d'eau

**POUR LE TOPPING
DE MYRTILLES À L'ORANGE**

125 g de myrtilles entières

2 c. à c. de zeste d'orange râpé

2 c. à s. de confiture de myrtilles
sauvages

2 c. à c. d'eau

Dans une poêle, faire chauffer à feu doux la confiture avec l'eau.

Ajouter les fruits et les autres ingrédients, après avoir mis un peu de fruits à part pour la dernière couche de la garniture.

Étaler le mélange sur toute la surface du gâteau et ajouter par-dessus les fruits mis à part.

À l'aide d'un pinceau, glacer délicatement ces derniers avec un peu de confiture diluée restée dans la poêle.

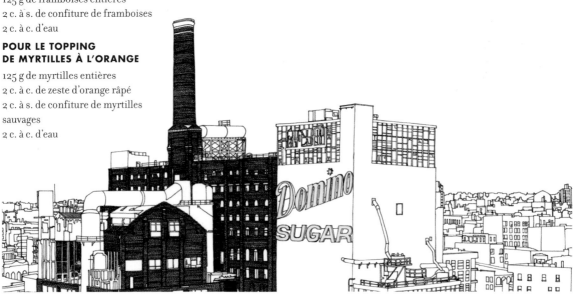

cheesecake au chocolat

Ce twist du fameux cheesecake vient de ma talentueuse collègue Ngan Tran, membre de l'équipe de Bob's Kitchen et grande amatrice de chocolat. Attention : évitez de vous trouver seul lorsque vous faites cette recette, au risque de tout manger.

POUR LA CROÛTE

150 g d'Oreo® ou de biscuits
tout chocolat
beurre pour le moule

POUR L'APPAREIL AU CHOCOLAT

110 g de ricotta
210 g de fromage à tartiner nature
170 g de crème fraîche à 30 %
de matières grasses
75 g de sucre en poudre
2 œufs, blancs et jaunes séparés
35 g de cacao non sucré
1 sachet de sucre vanillé
1 pincée de sel

POUR L'APPAREIL NATURE

100 g de fromage à tartiner nature
65 g de crème fraîche
1 c. à s. de jus citron
30 g de sucre en poudre
1 c. à s. de farine
1 sachet de sucre vanillé
1 œuf, blanc et jaune séparés
1 pincée de sel

POUR LE GLAÇAGE (facultatif)

10 cl de crème liquide
25 g de beurre doux
156 g de chocolat en morceaux

moule rond de 22 cm de diamètre

LA CROÛTE

Préchauffer le four à 225 °C. Écraser les biscuits et tapisser le fond (de préférence amovible) d'un moule beurré de 22 cm de diamètre, en tassant bien avec le fond d'un verre. Réserver au frais.

L'APPAREIL AU CHOCOLAT

Dans un saladier, battre les blancs en neige bien ferme avec le sel, puis ajouter 50 g de sucre et battre pendant encore 30 secondes. Réserver au frais. Fouetter la ricotta, le fromage et la crème fraîche, puis ajouter le reste de sucre et le sucre vanillé, en continuant de mélanger. Incorporer alors les jaunes l'un après l'autre, ajouter le cacao et mélanger. Pour finir, incorporer délicatement les blancs d'œuf à l'aide d'une spatule. Réserver au frais.

L'APPAREIL NATURE

Suivre le même procédé que pour l'appareil au chocolat : battre le blanc en neige ferme avec le sel, ajouter le sucre et réserver ; fouetter le fromage, la crème fraîche et le jus de citron, puis le sucre vanillé, la farine et enfin le jaune ; terminer en incorporant le blanc en neige à l'appareil nature.

LE MONTAGE ET LA CUISSON

Préchauffer le four à 225 °C. Verser environ un tiers de l'appareil au chocolat dans le moule, ajouter l'intégralité de l'appareil nature et recouvrir du reste de l'appareil au chocolat. Égaliser, puis enfourner pour 15 minutes. Sans ouvrir le four, baisser la température à 125 °C et prolonger la cuisson de 55 minutes. Le gâteau doit être ferme sur les bords et un peu tremblotant au centre. Le laisser refroidir.

LE GLAÇAGE

Dans une poêle, faire bouillir la crème et le beurre. Ajouter les morceaux de chocolat et laisser fondre hors du feu pendant 1 minute et puis mélanger jusqu'à l'obtention d'une consistance lisse et homogène. Étaler la glaçage à la spatule sur la gâteau puis le mettre au réfrigérateur pendant 4 heures minimum.

cheesecake à l'italienne

Au début des années 1970, John Lennon s'installa à New York. Un de ses repaires préférés était un café italien du nom de La Fortuna. Voici ma version de leur incroyable torta di ricotta.

POUR LA CROÛTE

125 g de farine T65 ou T55
½ c. à c. de sel
50 g de ricotta
50 g de beurre doux ramolli
100 g de sucre glace

POUR LA CRÈME DE FROMAGE

450 g de ricotta
100 g de sucre en poudre
25 g de farine T65 ou T55
2 œufs
1 pincée de sel
6 cl de jus de citron ou de pastis
½ c. à c. d'extrait de vanille

POUR LA GARNITURE

150 g de cerises
2 c. à c. de Maïzena
1 cl de jus de citron
75 g de sucre en poudre
sucre glace pour la décoration

moule rectangulaire de 21 x 9 cm
et de 8 cm de haut

LA CROÛTE

Préchauffer le four à 200 °C (chaleur tournante). Mélanger les ingrédients pour la croûte au robot ou à la main jusqu'à obtention d'un mélange homogène. Beurrer et fariner jusqu'au tiers de sa hauteur un moule rectangulaire d'environ 21 x 9 cm et de 8 cm de haut, puis étaler dans le fond la préparation précédente.

LA CRÈME DE FROMAGE

Fouetter les ingrédients de la crème de fromage jusqu'à obtention d'un mélange lisse et homogène, puis le verser sur la croûte.

LA CUISSON

Enfourner le gâteau pour 23 minutes environ. À la sortie, la crème doit être encore assez tremblotante au centre.

LA GARNITURE ET LE SERVICE

Mélanger le jus de citron avec la Maïzena. Dans une poêle portée sur feu moyen, faire cuire le mélange avec les cerises et le sucre pendant 10 minutes en remuant. Laisser le gâteau refroidir pendant au moins 1 heure. Le saupoudrer de sucre glace puis le couper en tranches. Servir avec 1 à 2 grosses cuillerées à soupe de garniture.

carrot cake

*J'aime mon gâteau aux carottes, dense, moelleux et épicé, avec une épaisse couche
de garniture de fromage frais peu sucré. Personnellement, j'ai toujours pensé qu'il devait
être servi froid. On peut le déguster aussi bien au petit déjeuner qu'en dessert.*

INGRÉDIENTS LIQUIDES

130 g de sucre brun (ou 125 g
de sucre en poudre + 5 g de mélasse)
12 cl d'huile de tournesol
4 œufs moyens
2 c. à s. de jus d'orange
240 g de carottes râpées
¾ de zeste de 1 orange
½ c. à c. d'extrait de vanille

INGRÉDIENTS SECS

240 g de farine T65 ou T55
2 c. à c. de levure chimique
1 c. à c. de sel
2 c. à c. de cannelle en poudre
½ c. à c. de noix de muscade
en poudre
½ c. à c. de cardamome en poudre
½ c. à c. de poivre noir
fraîchement moulu
30 g de noix hachées
30 g de raisins secs

POUR LE GLAÇAGE

65 g de beurre doux ramolli
100 g de fromage nature à tartiner
(à 25 % de matières grasses, type
Philadelphia®)
50 g de sucre glace

moule rectangulaire de 21 x 9 cm
et de 8 cm de hauteur

LA PÂTE

Préchauffer le four à 175 °C (chaleur tournante). Fouetter énergiquement
les ingrédients liquides. Mélanger les ingrédients secs puis ajouter à la préparation
précédente, sans trop travailler la pâte. Beurrer et fariner un moule rectangulaire
de 21 x 9 cm et de 8 cm de hauteur. Remplir le moule de pâte aux trois quarts.

LA CUISSON

Enfourner pour 48 minutes environ. Laisser refroidir.

LE GLAÇAGE ET LE SERVICE

Mixer le beurre, le fromage et le sucre au robot muni de la lame en S, ou mélanger
ces ingrédients à la fourchette jusqu'à obtention d'un mélange lisse et homogène.
Étaler le glaçage sur le gâteau à l'aide d'un couteau ou d'une spatule.
Couper en tranches et servir.

coffee cake

La garniture épaisse de ce gâteau est sa principale caractéristique car, malgré ce qu'on pourrait penser, il n'y a pas de café dedans… Son nom est simplement dû au fait qu'il est servi au petit déjeuner, avec le café.

220 g de poire, épluchée, épépinée
et coupée en tranches fines

**POUR LE STREUSEL
(PÂTE À CRUMBLE)**

250 g de farine T65 ou T55
280 g de sucre brun
(ou 265 g de sucre en poudre
+ 15 g de mélasse)
175 g de beurre doux ramolli
1 c. à s. de cannelle en poudre

INGRÉDIENTS LIQUIDES

200 g de sucre en poudre
115 g de beurre doux ramolli
1 c. à c. d'extrait de vanille
2 œufs moyens
16 cl de lait fermenté

INGRÉDIENTS SECS

300 g de farine T65 ou T55
2 c. à c. de levure chimique
2 pincées de sel

15 moules de 8 cm de diamètre

LE STREUSEL

Préparer le streusel en mélangeant tous les ingrédients à la main afin d'obtenir une consistance grumeleuse. Réserver au réfrigérateur pendant au moins 30 minutes.

L'APPAREIL

Préchauffer le four à 180 °C. Battre le beurre et le sucre énergiquement jusqu'à ce que la consistance du mélange soit crémeuse et aérée. Incorporer le reste des ingrédients liquides. Mélanger les ingrédients secs et les ajouter à la préparation liquide sans trop travailler la pâte. Remplir à moitié des moules de 8 cm de diamètre, préalablement beurrés et farinés, avec cette pâte, puis ajouter quelques tranches de poire et recouvrir avec le streusel.

LA CUISSON

Enfourner pour 33 minutes environ. Vérifier alors la cuisson en piquant au cœur des gâteaux un cure-dents, qui doit ressortir sec.

JP à bob's juice bar

muffins aux myrtilles

*Pour l'artiste, DJ et responsable de Bob's
Juice Bar, Jean-Pierre Ahtuam, la quête du
parfait muffin est une obsession quotidienne.
Sa version de la quintessence du muffin
new-yorkais est aussi belle que bonne.*

INGRÉDIENTS NAPPAGE

100 g de myrtilles
150 g de confiture de myrtilles
sauvages

INGRÉDIENTS SECS

320 g de farine T65 ou T55
50 g de sucre en poudre
1 c. à s. de levure chimique
2 pincées de sel

INGRÉDIENTS LIQUIDES

32,5 cl de crème fraîche
17,5 cl de lait demi-écrémé
5 cl d'huile de tournesol
1 œuf
1 c. à c. d'extrait de vanille

12 moules à muffins

LA PÂTE

Préchauffer le four à 200 °C. Mélanger les ingrédients secs.
Mélanger les ingrédients liquides. Mélanger l'ensemble sans
trop travailler la pâte. Verser un peu de cette pâte dans les
moules, napper avec des myrtilles et un peu de confiture,
puis ajouter une autre couche de pâte, des myrtilles et de la
confiture, et ainsi de suite jusqu'à ce que les moules soient
presque remplis.

LA CUISSON

Enfourner pour 23 minutes environ. Vérifier alors la cuisson
en piquant au cœur des gâteaux un cure-dents, qui doit
ressortir sec.

roulés à la cannelle

Les véritables « cinnamon rolls » maison qui sortent tout juste du four, tout chauds et collants, n'ont rien à voir avec les versions fast-food, souvent trop sèches et trop sucrées.

POUR LA PÂTE

400 g de farine T65 ou T55
1 c. à c. de levure de boulanger instantanée
5 cl d'eau tiède
10 cl de lait tiède
50 g de beurre doux fondu
1 œuf
2 pincées de sel
30 g de sucre en poudre
½ c. à c. d'extrait de vanille

POUR LA GARNITURE

100 g de beurre doux ramolli
60 g de sucre en poudre
1,5 c. à s. de cannelle en poudre
½ c. à c. de noix de muscade râpée
1,5 c. à s. de lait pour badigeonner

POUR LE GLAÇAGE

100 g de sucre glace
100 g de fromage à tartiner nature
(à 25 % de matières grasses, type Philadelphia®)
3 cl d'eau chaude

LA PÂTE

Mélanger les ingrédients pour la pâte dans un saladier, puis pétrir énergiquement pendant 10 à 15 minutes. Déposer la pâte dans un bol huilé, couvrir de film alimentaire ou d'un torchon propre et laisser lever à température ambiante jusqu'à ce que la pâte double de volume (environ 1 à 2 heures).

LE FAÇONNAGE

Sur une surface farinée, abaisser la pâte en lui donnant une forme rectangulaire. Étaler dessus le beurre ramolli et saupoudrer le tout du mélange sucre-cannelle-muscade. Rouler la pâte sur la longueur. Découper dix petits rouleaux, les placer dans un moule beurré et fariné, couvrir de film alimentaire ou d'un torchon propre et les laisser lever pendant 1 heure à température ambiante, jusqu'à ce qu'ils soient bien gonflés.

LA CUISSON

Préchauffer le four à 200 °C. Badigeonner les rouleaux avec le lait, enfourner et laisser cuire jusqu'à ce qu'ils soient un peu dorés (compter 15 minutes environ).

LE GLAÇAGE

Mélanger les ingrédients pour le glaçage, puis verser sur les rouleaux chauds, en l'étalant avec une spatule. Servir chaud si possible

pancakes

Les pancakes sont souvent décrits comme des 'comfort foods' (nourritures réconfortantes). Voici deux de mes meilleures pâtes à pancakes : les pancakes à base de lait fermenté et les pancakes multigrains sans produits laitiers.

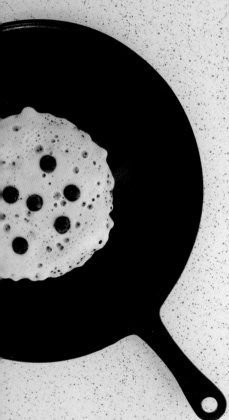

PANCAKES AU LAIT FERMENTÉ

190 g de farine T65 ou T55
2 pincées de bicarbonate de soude
2 c. à c. de levure chimique
1 c. à s. de sucre en poudre
½ c. à c. de sel
220 g de lait fermenté
2 œufs moyens
80 g de beurre fondu
½ c. à c. d'extrait de vanille
myrtilles, bananes, cerises...

PANCAKES MULTIGRAINS

65 g de farine T65 ou T55
30 g de farine de sarrasin
100 g de farine d'avoine
2 pincées de bicarbonate de soude
2 c. à c. de levure chimique
1 c. de s. de sucre
½ c. à c. de cannelle en poudre
½ c. à c. de sel
22,5 cl d'eau
1 cl de vinaigre de cidre
2 œufs moyens
8 cl d'huile de tournesol
½ c. à c. d'extrait de vanille
cassis, bananes, cerises...

LA PÂTE

Mélanger les ingrédients secs de la préparation choisie. Mélanger les ingrédients liquides, et les incorporer à la préparation précédente, au fouet à main, sans trop travailler la pâte. Normalement, il reste des grumeaux ; si on mélange jusqu'à ce que la pâte soit parfaitement lisse, les pancakes risquent d'être trop durs.

LA CUISSON

Faire chauffer une poêle sur feu moyen avec un peu de l'huile. Je préfère l'huile de noix de coco, mais l'huile de tournesol convient aussi. Tester la poêle avec une petite cuillère de pâte : si ça ne grésille pas, ce n'est pas assez chaud ; si le dessous devient trop doré avant que des bulles n'apparaissent, c'est trop chaud. Régler le feu pour que le dessous soit parfaitement doré quand le dessus « bulle » bien mais n'est pas encore sec.

Verser une louche de pâte dans la poêle huilée et, aussitôt, ajouter autant de fruits qu'on le souhaite. Quand le dessous est bien doré, retourner le pancake à l'aide d'une spatule et le faire cuire de l'autre côté pendant 30 à 40 secondes environ (en tout cas beaucoup moins longtemps qu'avant de le retourner).

CONSEILS : *Traditionnellement, les pancakes se mangent chauds avec du beurre et du sirop d'érable. Libre à vous d'expérimenter avec un autre nappage (sirop d'agave, miel, confiture, pâte à tartiner…). Si vous ne trouvez pas de farine de sarrasin ou de farine d'avoine, vous pouvez les confectionner en mixant à sec des grains de sarrasin et/ou des flocons d'avoine dans un mixeur jusqu'à obtention de la farine.*

red velvet cupcakes

Voici une recette de mon amie expat' Merce Muse, dont le café éponyme s'est rapidement établi comme LE café new-yorkais. Alors que la plupart des red velvet (littéralement, « rouge velours ») sont faits avec des colorants artificiels, Merce prend une approche naturelle en utilisant un mélange de baking soda et de vinaigre pour faire ressortir la couleur rouge du cacao.

POUR LES MUFFINS

137 g de farine T45
29 g de cacao en poudre
½ c. à c. de sel
15,8 cl d'huile de colza
150 g de cassonade
1 gros œuf bio
150 g de framboises
1 c. à c. de vanille naturelle de Madagascar en poudre
12 cl de lait ribot ou de lait fermenté
½ c. à c. de bicarbonate de soude
4 ml de vinaigre cristal
beurre pour les moules

POUR LE GLAÇAGE

125 g de beurre
à température ambiante
300 g de fromage nature à tartiner
(de type Kiri® ou Philadelphia®,
à température ambiante)
½ c. à c. de vanille de Madagascar
30 g de sucre glace

12 moules à muffins

LA PÂTE

Préchauffer le four à 175 °C et beurrer légèrement 12 moules à muffin.
Dans un bol, mélanger la farine, le cacao et le sel. Réserver.
Dans un grand bol, battre l'huile et le sucre avec un fouet. Ajouter l'œuf et bien mélanger, puis ajouter la vanille et les framboises.
Diviser le mélange à base de farine en trois parties égales, et le lait ribot en deux. Ajouter petit à petit ces éléments à la pâte, en les alternant. Dans un petit bol, mélanger avec une cuillère le bicarbonate de soude et le vinaigre. Verser dans la pâte et battre pendant 10 secondes. Verser la pâte dans les moules en les remplissant aux trois quarts.

LA CUISSON

Enfourner et laisser cuire pendant 18 minutes.

LE GLAÇAGE

Fouetter le beurre à l'aide d'un batteur électrique jusqu'à ce qu'il devienne très crémeux et léger. Ajouter petit à petit le fromage, et fouetter de plus en plus fort pendant au moins 3 à 4 minutes. Ajouter alors la vanille et le sucre, et battre jusqu'à ce que tout soit bien mélangé. Recouvrir la surface des muffins de glaçage à l'aide d'une spatule. Quand les gâteaux sont refroidis, les décorer avec des fruits, de la pâte d'amandes ou tout autre élément de votre imagination !

blintz

*Voici une autre recette réconfortante de mon enfance. C'est une crêpe fourrée
au fromage avec une garniture de myrtilles qui vient de la cuisine ashkénaze.*

POUR LA PÂTE

250 g de farine T65 ou T55
3 pincées de sel
2 c. à c. de sucre en poudre
30 cl de lait
20 cl d'eau
50 g de beurre doux fondu
4 œufs moyens

POUR LA FARCE

450 g de ricotta
100 g de sucre en poudre
3 blancs d'œuf
1,5 c. à s. de Maïzena

POUR LA GARNITURE

125 g de myrtilles
2 c. à s. de confiture de myrtilles
sauvages
1 c. à s. d'eau

LA PÂTE

Il faut laisser la pâte reposer pendant au moins 1 heure avant la cuisson,
et si possible la préparer la veille et la garder au réfrigérateur.
Mélanger les ingrédients secs. Fouetter énergiquement les ingrédients liquides,
puis incorporer la préparation sèche en continuant à fouetter jusqu'à obtention
d'un mélange homogène.

LA FARCE

Mélanger les ingrédients pour la farce avec une fourchette. Faire cuire la farce
dans une poêle portée sur feu doux pendant 10 minutes, jusqu'à obtention
d'une consistance semblable à celle de la purée de pommes de terre.

LA GARNITURE

Dans une poêle, réchauffer sur feu doux la confiture avec l'eau et la mélanger
avec les myrtilles.

LA CUISSON ET LE SERVICE

Faire chauffer un peu d'huile dans une poêle portée sur feu moyen. Verser et étaler
une louche de pâte dans la poêle chaude. Quand le dessous commence à dorer,
retourner la crêpe à l'aide d'une spatule. Étaler à peu près 45 g de farce au milieu
de la crêpe, replier les bords et rouler la crêpe pour enfermer la farce. Continuer
à faire cuire le blintz des deux côtés jusqu'à ce qu'il soit bien doré partout. Servir
chaud, avec la garniture et de la crème fraîche.

squares & bars

Manhattan, où j'ai grandi, est une ville faite d'angles droits et de lignes droites qui s'entrecroisent. C'est cette géométrie qu'on retrouve dans nos squares & bars, un style de pâtisserie où les parts de gâteau sont plates et rectangulaires, du classique et incontournable brownie aux dernières tendances, comme la barre énergétique…

DÉFI CARRÉS PARFAITS

On peut couper les gâteaux d'une
manière plus ou moins uniforme en
carrés (squares) ou en rectangles
(bars), à vous de décider...
Personnellement, je préfère la symétrie
du carré. Ma technique est de faire
cuire la totalité du gâteau dans un
moule carré et, lorsqu'il a refroidi,
de le diviser en quatre parts égales
en partant du milieu, et puis de
redécouper chaque part en quatre,
ce qui fait un total de seize parts.
Bien entendu, les parts ne sont jamais
parfaitement carrées, mais ça ne
m'empêche pas de continuer
à essayer, encore et encore.

brownies

En plus de sa surface brillante, un vrai brownie se doit d'être foncé, dense, moelleux et légèrement chewy (élastique).

INGRÉDIENTS À FONDRE

325 g de chocolat noir
125 g de beurre doux + un peu
pour le moule
25 g de cacao en poudre

INGRÉDIENTS À FOUETTER

60 g d'huile de tournesol
265 g de sucre brun
(ou 250 g de sucre en poudre
+ 15 g de mélasse)
½ c. à c. d'extrait de vanille
3 œufs moyens
3 jaunes d'œuf

INGRÉDIENTS SECS

150 g de farine T65 ou T55
+ un peu pour le moule
½ c. à c. de sel
50 g de chocolat noir haché
(ou de pépites de chocolat noir)
50 g de noix hachées

moule rectangulaire de 24 cm

LA PÂTE

Préchauffer le four à 180 °C. Dans une poêle, faire fondre le beurre, le chocolat et le cacao en poudre à feu doux. Dans un bol, fouetter énergiquement l'huile, le sucre, la vanille, les œufs et les jaunes d'œuf.
Mélanger les ingrédients secs puis les ajouter à la préparation fouettée. Incorporer ensuite la préparation fondue.

LA CUISSON ET LE SERVICE

Beurrer et fariner un moule rectangulaire. Avec la main mouillée, étaler la pâte dans le moule et enfourner pour 33 minutes environ. Le gâteau commence à se briser et doit être assez solide au toucher. Laisser refroidir, puis découper en seize carrés.

greenies et blondies

Avec une forme et une texture similaires à celles du brownie, leur célèbre demi-frère, chacune de ces délicieuses alternatives a son propre goût et sa couleur. C'est un mélange caractéristique de mélasse, de vanille et de noisettes qui définit les blondies, plus bronzés que leur nom ne le laisse penser. Quant aux greenies, qui trouvent leur essence dans la combinaison de thé vert matcha et de pignons de pin, ils sont vraiment verts (green).

POUR LES GREENIES

150 g de beurre doux fondu
8 cl d'huile de tournesol
325 g de sucre en poudre
2 œufs moyens
300 g de farine T65 ou T55
2 c. à s. de thé vert matcha
en poudre
2 c. à c. de levure chimique
½ c. à c. de sel
150 g de pignons de pin

moule rectangulaire de 24 cm

LA PÂTE

Préchauffer le four à 180 °C.
Dans une poêle, faire fondre le
beurre à feu doux, puis le fouetter
énergiquement avec l'huile,
le sucre, les œufs. Mélanger les
ingrédients secs puis les ajouter
à la préparation fouettée.

LA CUISSON ET LE SERVICE

Beurrer et fariner un moule
rectangulaire d'environ 24 cm
de côté. Avec la main mouillée, étaler
la pâte dans le moule et enfourner
pour 25 minutes environ. Le gâteau
doit être assez solide au toucher.
Laisser refroidir, puis découper
en seize carrés.

POUR LES BLONDIES

150 g de beurre doux fondu

8 cl d'huile de tournesol

300 g de sucre brun
(ou 280 g de sucre en poudre
+ 20 g de mélasse)

2 œufs moyens

1 c. à c. d'extrait de vanille

300 g de farine T65 ou T55

2 c. à c. de levure chimique

½ c. à c. de sel

75 g de chocolat blanc haché
(ou de pépites de chocolat
blanc)

100 g de noix hachées

moule rectangulaire de 24 cm

LA PÂTE

Préchauffer le four à 180 °C.
Dans une poêle, faire fondre
le beurre à feu doux, puis le fouetter
énergiquement avec l'huile, le sucre,
les œufs et la vanille. Mélanger les
ingrédients secs puis les ajouter à la
préparation fouettée.

LA CUISSON ET LE SERVICE

Beurrer et fariner un moule
rectangulaire d'environ 24 cm
de côté. Avec la main mouillée, étaler
la pâte dans le moule et enfourner
pour 25 minutes environ. Le gâteau
doit être assez solide au toucher.
Laisser refroidir, puis découper
en seize carrés.

carrés au citron

Comme dans la vie, la clé de cette recette est d'atteindre le bon équilibre, ni trop acide ni trop sucré.

POUR LA PÂTE

150 g de farine T65 ou T55

30 g de sucre glace

4 c. à c. de Maïzena

½ c. à c. de sel

125 g de beurre doux coupé
en cubes

POUR LE FLAN CITRON

18 cl de jus de citron

250 g de sucre en poudre

6 œufs moyens

le zeste râpé de 1 citron

5 cuillerées à soupe
de farine T65 ou T55

POUR SAUPOUDRER

sucre glace

moule carré de 24 cm

LA PÂTE

Préchauffer le four à 180 °C. À l'aide d'un robot ou une fourchette, sabler les ingrédients de la pâte jusqu'à obtenir une sorte de chapelure et en tapisser le fond d'un moule carré d'environ 24 cm de côté. Enfourner et laisser cuire jusqu'à ce qu'elle soit dorée, c'est-à-dire pendant environ 20 minutes.

LE FLAN CITRON

Fouetter énergiquement les ingrédients et verser le mélange sur la pâte dorée.

LA CUISSON ET LE SERVICE

Baisser la température du four à 150 °C et faire cuire l'ensemble 40 minutes environ, jusqu'à ce que le flan au citron ait bien pris. Laisser refroidir pendant un quart d'heure, démouler et saupoudrer de sucre glace.

barres énergétiques crues

Voici une recette stimulante de Clotilde Dusoulier, passionnée de cuisine et dont le blog, chocolateandzucchini.com, est une source inépuisable de recettes simples, et saines. Ses petits gâteaux crus aux fruits secs s'inspirent des « raw energy bars » qu'on trouve à New York, où les gens cherchent constamment à booster leurs performances.

50 g d'amandes bio avec la peau
(non grillées)
150 g de pâte de dattes
(en magasin bio)
50 g de cranberries séchées
les graines de 3 gousses
de cardamome
1 bonne pincée de sel

moule rectangulaire de 12 x 17 cm

LA PRÉPARATION

La veille, mettre les amandes à tremper dans un bol d'eau fraîche. Le jour même, les rincer et bien les égoutter.

Mettre les amandes trempées, la pâte de dattes coupée en dés, les cranberries, les graines de cardamome et le sel dans le bol d'un mixeur, puis mixer par courtes impulsions jusqu'à obtenir une chapelure grossière. Ajouter 1 cuillerée à soupe d'eau et mixer à nouveau : le mélange commence à s'agglomérer.

Tapisser de papier sulfurisé un petit moule rectangulaire (type terrine de 12 x 17 cm environ). Y verser la préparation et, avec les mains légèrement humides, appuyer pour obtenir une couche bien tassée au fond du moule.

LE REPOS

Couvrir de papier sulfurisé la surface du moule et réserver au frais pendant quelques heures voire jusqu'au lendemain.

LE SERVICE

Couper en six barres, à garder au frais et à consommer dans la semaine.

ASTUCE : *On peut aussi tasser la préparation dans des petites empreintes en silicone, ou former des boules avec la paume des mains (energy balls).*

noodle kugle

Voici mon interprétation du pudding aux nouilles que ma famille avait l'habitude d'acheter chez le traiteur casher près de l'appartement de ma grand-mère, à Brooklyn, lorsque j'étais enfant.

250 g de nouilles aux œufs
6 œufs moyens
4,5 cl d'huile de tournesol
300 g de compote de pommes
75 g de cassonade
75 g de raisins secs
1 c. à s. de cannelle en poudre
½ c. à c. de sel

3 moules de 10 x 15 cm

LA PRÉPARATION

Préchauffer le four à 180 °C. Faire cuire les nouilles dans de l'eau bouillante salée pendant 5 minutes, jusqu'à ce qu'elles soient *al dente*.
Pendant ce temps, fouetter les œufs et les mélanger avec les autres ingrédients.
Rincer les nouilles à l'eau froide et les mélanger avec la préparation précédente.
Répartir le mélange dans trois moules beurrés et farinés de 10 x 15 cm.

LA CUISSON ET LE SERVICE

Couvrir de papier d'aluminium et enfourner pour environ 45 minutes.
Enlever alors l'aluminium puis saupoudrer de sucre glace et réenfourner pour 10 minutes. Servir chaud ou froid.

cookies

Les cookies ont quelque chose de très enfantin. Et, à New York, nous sommes tous des enfants. Pour les grands capricieux qui mangent sur le pouce car ils n'arrêtent pas de courir, ces douceurs nostalgiques sont un réconfort essentiel.

FAÇONNER LES COOKIES

Différentes techniques s'offrent à vous pour façonner les cookies avant cuisson. Pour les portions, vous pouvez utiliser une cuillère à glace de façon à avoir des boules de même taille ou vous pouvez rouler la pâte en boudin et couper ce dernier en disques de même épaisseur. Si vous voulez que les portions soient parfaitement uniformes, vous pouvez vérifier avec une balance ; sinon, faites ça à l'œil. Ensuite, avec la paume de votre main, formez des boules de pâte et déposez-les sur la plaque du four recouverte de papier sulfurisé, en les pressant très légèrement pour les empêcher de rouler. En cuisant, les boules s'aplatissent jusqu'à prendre la forme d'un disque légèrement bombé. Pour des cookies plus plats, vous pouvez presser plus fortement les boules de pâte, ou simplement faire cuire les disques tranchés du boudin sans faire de boules.

cookies aux pépites de chocolat

Le plus célèbre des cookies est également celui qui souffre le plus de ses décevantes versions industrielles. Même si parfois les « chocolate chip cookies » du commerce sont corrects, ils ne seront jamais aussi bons que ceux faits maison, avec leur texture moelleuse, et leurs gros morceaux de bon chocolat.

INGRÉDIENTS LIQUIDES

250 g de beurre doux ramolli
125 g de sucre en poudre
125 g de sucre brun
(ou 120 g de sucre en poudre
+ 5 g de mélasse)
1 c. à c. d'extrait de vanille
2 pincées de sel
2 œufs moyens

INGRÉDIENTS SECS

400 g de farine T65 ou T55
3 pincées de bicarbonate de soude
200 g de chocolat en morceaux
50 g de noix hachées

LA PÂTE

À l'aide d'un robot ou à la main, battre le beurre et le sucre jusqu'à obtenir une consistance crémeuse et aérée. Incorporer les autres ingrédients liquides, en continuant de battre l'ensemble jusqu'à ce qu'il soit homogène. Mélanger les ingrédients secs. Mélanger les deux préparations jusqu'à obtention d'une pâte homogène et réserver celle-ci au réfrigérateur pendant au moins 1 heure.

LA CUISSON

Préchauffer le four à 205 °C. Diviser la pâte en vingt boules, les déposer sur la plaque du four recouverte de papier sulfurisé et faire cuire pendant environ 9 minutes. Les cookies doivent être assez mous à la sortie du four. Les laisser refroidir pendant au moins 10 minutes à température ambiante avant de les déguster.

cookies tout chocolat

Ces cookies sont basés sur le simple principe que deux doses de chocolat valent mieux qu'une ; il n'est donc pas surprenant que ce soient les préférés de mes deux garçons.

250 g de chocolat à fondre
250 g de beurre doux
1,5 cl d'expresso
2 c. à s. de cacao en poudre
2 pincées de sel
250 g de sucre brun
(ou 240 g de sucre en poudre
+ 10 g de mélasse)
4 œufs moyens
375 g de farine T65 ou T55
1 c. à c. de levure chimique
250 g de chocolat en morceaux

LA PÂTE

Dans une poêle portée sur feu doux, faire fondre le beurre et le chocolat avec le cacao en poudre, puis incorporer le shot d'expresso ou, si l'on préfère, la même quantité d'eau.
Fouetter énergiquement les œufs et le sucre brun pendant au moins 1 minute.
Mélanger la farine, la levure chimique et les morceaux de chocolat.
Mélanger les trois préparations jusqu'à obtention d'une pâte homogène et réserver celle-ci au réfrigérateur pendant au moins 1 heure.

LA CUISSON

Préchauffer le four à 205 °C. Diviser la pâte en vingt-cinq boules, les déposer sur la plaque du four recouverte de papier sulfurisé et faire cuire pendant environ 9 minutes. Les cookies doivent être assez mous à la sortie du four. Les laisser refroidir pendant au moins 10 minutes à température ambiante avant de les déguster.

cookies aux noix de macadamia

Les noix de macadamia sont déjà assez incroyables toutes seules, mais la combinaison de ces noix tropicales avec des morceaux de chocolat blanc dans un enrobage moelleux et sucré vous fera atteindre un autre niveau. Aloha !

INGRÉDIENTS LIQUIDES

125 g de beurre doux ramolli
125 g d'huile de noix de coco ramollie
250 g de sucre en poudre
1 c. à c. d'extrait de vanille
2 pincées de sel
2 œufs moyens

INGRÉDIENTS SECS

400 g de farine T65 ou T55
1 c. à c. de bicarbonate de soude
150 g de chocolat blanc coupé en morceaux
75 g de noix de macadamia grossièrement hachées

LA PÂTE

À l'aide d'un robot ou à la main, battre le beurre et le sucre énergiquement jusqu'à obtenir une consistance crémeuse et aérée. Incorporer les autres ingrédients liquides, en continuant de battre : on doit obtenir un mélange homogène.
Mélanger les ingrédients secs, puis les incorporer à la préparation précédente jusqu'à obtention d'une pâte homogène et réserver celle-ci au réfrigérateur pendant au moins 1 heure.

LA CUISSON

Préchauffer le four à 205 °C. Diviser la pâte en vingt boules, les déposer sur la plaque du four recouverte de papier sulfurisé et faire cuire pendant environ 9 minutes. Les cookies doivent être assez mous à la sortie du four. Les laisser refroidir pendant au moins 10 minutes à température ambiante avant de les déguster.

cookies à la cannelle et aux raisins

Mes biscuits à la cannelle et aux raisins secs sont extra-moelleux. Et si ce concept de petits gâteaux à l'avoine a l'air trop « bien-être », rassurez-vous, ils sont assez riches en beurre et en sucre pour satisfaire les plus immodérés d'entre vous.

INGRÉDIENTS LIQUIDES

250 g de beurre doux ramolli
125 g de sucre en poudre
125 g de sucre brun
(ou 120 g de sucre en poudre
+ 5 g de mélasse)
2 pincées de sel
2 œufs moyens
1 jaune d'œuf

INGRÉDIENTS SECS

250 g de farine T65 ou T55
200 g de petits flocons d'avoine
1 c. à c. de levure chimique
2 c. à c. de cannelle
100 g de raisins secs
50 g de noix hachées

LA PÂTE

À l'aide d'un robot ou à la main, battre le beurre et le sucre énergiquement jusqu'à obtenir une consistance crémeuse et aérée. Incorporer les autres ingrédients liquides, en continuant de battre : on doit obtenir un mélange homogène.

Mélanger les ingrédients secs et les incorporer à la préparation précédente jusqu'à obtention d'une pâte homogène, que l'on réservera au réfrigérateur pendant au moins 1 heure.

LA CUISSON

Préchauffer le four à 205 °C. Diviser la pâte en vingt boules, les déposer sur la plaque du four recouverte de papier sulfurisé et faire cuire pendant environ 9 minutes. Les cookies doivent être assez mous à la sortie du four. Les laisser refroidir pendant au moins 10 minutes à température ambiante avant de les déguster.

black & white cookies

Produit de base des delis et des coffee shops à New York, ces énormes biscuits bicolores se trouvent rarement en dehors de la ville. On dirait un phénomène exclusivement new-yorkais.

POUR LA PÂTE

85 g de beurre doux ramolli
100 g de sucre en poudre
2 œufs moyens
11 cl de lait fermenté
½ c. à c. d'extrait de vanille
le zeste râpé de 1/3 de citron
250 g de farine T65 ou T55
1 c. à c. de levure chimique
1 pincée de sel

POUR LE GLAÇAGE BLANC

190 g de sucre glace
2 cuillerées à soupe d'eau bouillante

POUR LE GLAÇAGE NOIR

65 g de chocolat noir haché
50 g de crème liquide
10 g de beurre doux
50 g de sucre glace
5 ml d'eau bouillante

LA BASE

Préchauffer le four à 180 °C. À l'aide d'un robot ou à la main, battre le beurre et le sucre énergiquement jusqu'à obtenir une consistance crémeuse et aérée. Incorporer les autres ingrédients liquides de la pâte, en continuant de battre : on doit obtenir un résultat homogène. Mélanger les ingrédients secs et les incorporer à la préparation précédente jusqu'à obtention d'une pâte homogène.

LA CUISSON

Sur la plaque du four recouverte de papier sulfurisé, étaler la pâte en boules d'environ 3 cuillerées à soupe chacune et enfourner pour 12 minutes environ, jusqu'à ce que les cookies soient légèrement dorés. Les laisser refroidir.

LE GLAÇAGE

Mélanger les ingrédients du glaçage blanc jusqu'à obtention d'une pâte homogène. À l'aide d'un pinceau, étaler ce glaçage sur la moitié de chaque cookie.
Dans une poêle, faire bouillir à feu moyen la crème et le beurre. Hors du feu, ajouter le chocolat haché et le laisser fondre pendant 1 minute, puis incorporer le sucre glace et l'eau bouillante. À l'aide d'un pinceau, étaler le glaçage noir sur l'autre moitié des cookies. Poser les biscuits sur une grille à pâtisserie afin de laisser durcir le glaçage.

ASTUCES : *Si, en reposant, le glaçage noir devient trop épais pour qu'il soit facile de l'étaler, ajouter un peu plus d'eau bouillante.*

rugelachs au chocolat

Auparavant obscures pâtisseries des grandes fêtes juives, ces succulents minicroissants sont aujourd'hui un classique que l'on peut trouver facilement toute l'année. Chaque biscuit est délicatement roulé à la main ; ça prend du temps, mais ces « petites torsions » – traduction littérale de leur nom yiddish – valent chaque seconde de leur préparation.

POUR LA PÂTE

95 g de farine T65 ou T55
65 g de fromage à tartiner
60 g de beurre doux ramolli
2 pincées de sel

POUR LA GANACHE

2,5 cl de crème liquide
10 g de beurre doux
40 g de chocolat coupé
en morceaux

POUR LA GARNITURE

50 g de chocolat haché
en pépites
25 g de noix hachées
100 g de sucre en poudre

POUR LA DORURE

1 jaune d'œuf
1 c. à c. d'eau
1 c. à s. de sucre en poudre
1 c. à c. de cannelle en poudre

LA PÂTE

À l'aide d'un robot ou à la main, mélanger les ingrédients de la pâte jusqu'à obtention d'une préparation homogène. L'emballer de film alimentaire et la mettre au réfrigérateur pour au moins 4 heures

LA GARNITURE

Préchauffer le four à 180 °C. Dans une poêle, faire bouillir à feu moyen la crème et le beurre. Ajouter les morceaux de chocolat. Hors du feu, laisser fondre pendant 1 minute, puis mélanger jusqu'à ce que la consistance soit lisse et homogène.

LE FAÇONNAGE

Sur un plan de travail bien fariné, abaisser la pâte à l'aide d'un rouleau à pâtisserie en un disque d'environ 30 cm de diamètre. Étaler la ganache avec une spatule sur tout le disque. Mélanger ensemble les ingrédients de la garniture et la répartir sur la ganache. Découper le disque en douze parts et rouler chacune d'elles en commençant par le grand côté, de façon à former un petit croissant. Poser au fur et à mesure les rouleaux obtenus sur une plaque couverte de papier sulfurisé.

LA DORURE

Badigeonner les rugelachs du mélange de jaune d'œuf et d'eau à l'aide d'un pinceau, puis les saupoudrer du mélange sucre-cannelle.

LA CUISSON

Les enfourner pour 18 minutes environ, jusqu'à ce qu'ils soient légèrement dorés. Laisser refroidir au moins 10 minutes avant de déguster.

pies

Décrit souvent comme un melting-pot, New York peut sembler déconnecté du reste du pays. C'est vrai que, parfois, les New-Yorkais se voient comme des Européens, mais il suffit alors d'une bonne part de pie pour nous rappeler que New York est avant tout une ville américaine.

LA PÂTE A TARTE La clé pour réussir l'authentique pâte à tarte, qui est la base de la plupart des recettes de ce livre, est d'utiliser du beurre très très froid (ou de l'huile de coco, ou une combinaison des deux) et de le mélanger à la pâte de telle sorte qu'il reste des grumeaux de beurre. Ce dernier ne devrait jamais être mou ou complètement mélangé ; quand vous faites cuire la pâte, ces petites miettes fondront en laissant des poches d'air à leur place. Pour obtenir ce résultat, vous devez d'abord couper le beurre en dés puis le refroidir (éventuellement le congeler). Utilisez ensuite une fourchette pour le hacher et le mélanger aux ingrédients secs ; si vous avez un robot, vous pouvez aussi mixer rapidement les dés de beurre froid avec les ingrédients secs de la pâte, juste quelques secondes, de façon à obtenir un mélange sableux, comme la pâte d'un crumble. Ajoutez ensuite les ingrédients liquides et travaillez la pâte à la main pour former une boule lisse. Aplatissez-la légèrement en forme de disque et enveloppez-la dans du film alimentaire, puis laissez-la reposer pendant au moins 30 minutes dans le réfrigérateur. La pâte à tarte aime le froid !

apple pie

Aux États-Unis, lorsqu'on veut mettre l'accent sur le fait que quelque chose est américain, on le décrit comme étant as american as apple pie (aussi américain qu'une tarte aux pommes). Pour nous, c'est LA recette qui symbolise le pays. Savourez cette pâtisserie et imaginez-vous dans une peinture d'Edward Hopper.

POUR LA PÂTE

250 g de beurre doux froid
coupé en petits dés
500 g de farine
1 c. à c. de sel
50 g de sucre glace
7 c. à s. d'eau froide
1 c. à s. de vinaigre de cidre

POUR LA GARNITURE

9 pommes (des granny smith de
préférence), épluchées et épépinées
100 g de sucre brun
(ou 95 g de sucre en poudre
+ 5 g de mélasse)
1 c. à s. de cannelle en poudre
1 gousse de vanille
50 g de beurre doux
3 c. à s. de Maïzena
2 c. à s. de jus de citron

POUR LA DORURE

1 jaune d'œuf
1 c. à c. d'eau

moule à tarte de 30 cm de diamètre

LA PÂTE

À l'aide d'un robot ou d'une fourchette, sabler le beurre avec les ingrédients secs. Incorporer ensuite l'eau et vinaigre à la main jusqu'à obtention d'une pâte homogène. La diviser en deux boules de même taille, les emballer dans du film alimentaire et les laisser reposer au réfrigérateur pendant au moins 1 heure.

LA GARNITURE

Préchauffer le four à 180 °C. Mélanger les morceaux de pomme avec le sucre brun, la cannelle et les graines de la gousse de vanille. Mélanger la Maïzena avec le jus de citron. Mettre le beurre à chauffer dans une poêle portée sur feu moyen. Quand il commence à grésiller, ajouter les pommes et les faire cuire jusqu'à ce qu'elles soient légèrement dorées de tous les côtés. Ajouter le mélange de Maïzena et de jus de citron et, en remuant, continuer à faire cuire pendant 5 minutes.

LE FAÇONNAGE

Sur un plan de travail bien fariné, étaler au rouleau à pâtisserie les boules de pâte en deux disques assez grands pour dépasser du bord du moule de 5 cm environ. Si la pâte est trop dure à la sortie du réfrigérateur, la laisser ramollir. Beurrer et fariner un moule à tarte d'environ 30 cm de diamètre. Le garnir de l'un des disques de pâte, en roulant sur lui-même le débord. Piquer le fond à la fourchette et couvrir de papier sulfurisé et de haricots secs.

LA CUISSON

Enfourner pour 15 minutes. Ôter le papier avec les haricots et remplir le fond de pâte avec la garniture. Couvrir avec le deuxième disque de pâte, souder les bords en les pinçant avec les doigts et faire au milieu du couvercle de pâte un trou de 2 cm environ pour laisser respirer la tourte. Badigeonner la pâte du mélange jaune d'œuf et l'eau, à l'aide d'un pinceau. Enfourner et laisser cuire pendant environ 45 minutes.

tarte à la citrouille

Voici un classique de Thanksgiving de Sara Jane Crawford, la chef pâtissière chez Rose Bakery. Alors que j'étais à New York pour la préparation de ce livre, je suis tombé sur elle par hasard ; elle sortait de Marlow and Sons, café ultrabranché de Willliamsburg où elle passait quelques mois afin d'étendre son répertoire.

POUR LA PÂTE

130 g de beurre doux froid,
coupé en petits dés
215 g de farine
½ c. à c. de sel
6,5 cl d'eau froide
1 c. à c. de jus de citron
1 œuf battu pour la dorure

POUR LA GARNITURE

3 œufs moyens
1 jaune d'œuf
120 g de sucre brun
(115 g de sucre en poudre
+ 5 g de mélasse)
12 cl de sirop d'érable
35 cl de crème liquide
420 g de purée de citrouille
ou de potiron (achetée ou maison*)
1 c. à c. de cannelle en poudre
1 c. à c. de gingembre en poudre
½ c. à c. de noix de muscade en
poudre

moule à tarte de 26 cm de diamètre

LA PÂTE

À l'aide d'un robot, sabler le beurre avec les ingrédients secs, puis incorporer l'eau et jus de citron à la main jusqu'à obtention d'une pâte homogène. Rouler cette dernière en boule, l'emballer de film alimentaire et la laisser reposer au réfrigérateur pendant 1 heure.

Prélever un peu de pâte sur la boule et façonner des feuilles décoratives à l'aide d'un couteau bien tranchant. Réserver au réfrigérateur au moins 1 h.

Sur un plan de travail fariné, étaler à l'aide d'un rouleau la pâte en un disque de 3 cm plus grand que le moule. Beurrer et fariner un moule à tarte d'environ 26 cm de diamètre. Le garnir du disque de pâte, rouler sur lui-même le débord et le pincer avec les doigts pour le façonner, en veillant à ce qu'il dépasse un peu du moule.

Préchauffer le four à 170 °C. Recouvrir la pâte de papier sulfurisé, puis de haricots secs, enfourner jusqu'à ce que le bord soit doré et que la pâte soit bien sèche (compter 35 à 45 minutes pour une grande tarte, et 15 à 25 minutes pour des tartelettes). Ôter le papier avec les haricots et badigeonner le fond de tarte d'œuf battu à l'aide d'un pinceau, puis remettre au four pendant 2 minutes.

Déposer les feuilles décoratives sur une plaque à pâtisserie recouverte de papier sulfurisé, les badigeonner d'œuf battu, enfourner et les laisser cuire jusqu'à ce qu'elles soient dorées (25 minutes environ).

LA GARNITURE

Fouetter ensemble les œufs, le jaune d'œuf et le sucre. Incorporer un à un le reste des ingrédients, et mélanger jusqu'à obtention d'une préparation homogène. Verser celle-ci dans le fond de pâte et enfourner jusqu'à ce que la garniture soit prise (compter 30 minutes environ pour la grande, 22 minutes environ pour les petites.). Décorer avec les feuilles de pâte dorées et laisser refroidir avant de servir, accompagné de crème chantilly.

* LA PURÉE DE CITROUILLE
FAITE MAISON

Préchauffer le four à 220 °C. Éplucher la citrouille (450 g avant cuisson environ), la vider et la couper en morceaux. Déposer ces derniers sur la plaque du four couverte de papier sulfurisé, ajouter assez d'eau pour que le papier soit couvert et enfourner pour 1 heure environ, jusqu'à ce que la citrouille soit bien molle. Laisser refroidir puis, à l'aide d'un robot, réduire les morceaux de citrouille en une purée bien lisse. Si elle est trop liquide, la laisser s'égoutter dans une passoire tapissée d'un torchon propre en coton pendant toute une nuit dans le réfrigérateur.

apple strudel

Cette recette est inspirée des incroyables strudels que j'ai achetés pendant des années chez Zabar's, une immense épicerie de l'Upper West Side, un de ces endroits new-yorkais où la qualité est si bonne et depuis si longtemps qu'il est devenu une véritable institution.

POUR LA GARNITURE

5 pommes (des granny smith de préférence), épluchées et épépinées
75 g de sucre en poudre
40 g de beurre doux
2 c. à c. de zeste râpé de citron
3 cl de jus de citron
½ c. à s. de Maïzena
1 c. à c. d'extrait de vanille
50 g d'amandes effilées

POUR LA PÂTE

4 feuilles de pâte filo
40 g de chapelure
75 g de sucre en poudre
1 c. à c. de cannelle
100 g de beurre doux fondu

LA GARNITURE

Mélanger la Maïzena avec le jus de citron.
Mettre le beurre à chauffer dans une poêle portée sur feu moyen. Quand il commence à grésiller, ajouter les morceaux de pomme et le sucre, et les faire cuire pendant 3 minutes. Ajouter le zeste de citron, les amandes et la vanille, et continuer à faire cuire jusqu'à ce que les pommes soient légèrement dorées de tous les côtés. Ajouter alors la préparation Maïzena-citron, et prolongez la cuisson de 5 minutes en remuant. Laisser refroidir.

LE FAÇONNAGE

Préchauffer le four à 200 °C. Mélanger la chapelure, le sucre et la cannelle.
Sur une plaque à pâtisserie couverte de papier sulfurisé, étaler une feuille de pâte filo. La badigeonner de beurre fondu à l'aide d'un pinceau et la saupoudrer du mélange chapelure-sucre-cannelle. Poser dessus une autre feuille et la badigeonner de beurre fondu. Retourner cette deuxième feuille, la badigeonner de beurre fondu et la saupoudrer du mélange chapelure-sucre-cannelle. Répéter l'opération avec les deux dernières feuilles de pâte filo.
Étaler la garniture sur toute la longueur des feuilles de pâte et rouler celles-ci façon à enfermer la garniture.

LA CUISSON ET LE SERVICE

Badigeonner la surface du strudel de beurre, saupoudrer du mélange chapelure-sucre-cannelle. Enfourner pour 25 minutes environ. Laisser refroidir et servir en tranches.

adies and Gentlemen **LENNY BRUCE!!** by Albert Goldman, from the journalism of Lawrence Schiller Random House

tarte à la banane

C'est dans le célèbre coffee shop d'Union Square que j'ai fait l'expérience de l'inimitable « banana cream pie ». Dans cette recette, des couches de crème de noix de coco et de bananes caramélisées ponctuées de morceaux de chocolat sont prises en sandwich entre une pâte au chocolat et une couverture de meringue légèrement toastée.

POUR LA PÂTE

125 g de beurre doux froid
coupé en petits dés
225 g de farine T65 ou T55
15 g de cacao en poudre
½ c. à c. de sel
25 g de sucre glace
6 cl d'eau froide

POUR LA CRÈME COCO

5 c. à s. de Maïzena
75 g de sucre en poudre
½ c. à c. de sel
37,5 cl de lait
10 cl de crème de noix de coco
25 g de beurre doux fondu
les graines de 1/2 gousse de vanille
4 jaunes d'œuf

POUR LA GARNITURE

3 bananes (300 g environ)
25 g de beurre doux
50 g de sucre en poudre
100 g de chocolat en morceaux

POUR LA MERINGUE

4 blancs d'œuf
100 g de sucre en poudre

moule à tarte de 30 cm de diamètre

LA PÂTE

À l'aide d'un robot ou d'une fourchette, sabler le beurre avec les ingrédients secs. Incorporer ensuite l'eau froide à la main jusqu'à obtention d'une pâte homogène. La rouler en boule, l'emballer de film alimentaire et la laisser reposer au réfrigérateur pendant au moins 1 heure.
Sur un plan de travail bien fariné, étaler au rouleau à pâtisserie la boule de pâte en un disque en un disque de 3 cm plus grand que le moule. Si la pâte est trop dure à la sortie du réfrigérateur, la laisser ramollir.
Beurrer et fariner un moule à tarte d'environ 30 cm de diamètre. Le garnir du disque de pâte, rouler sur lui-même le débord et le pincer avec les doigts pour le façonner. Laisser reposer au réfrigérateur pendant au moins 1 heure. Préchauffer le four à 185 °C. Piquer le fond de pâte à la fourchette, le couvrir de papier sulfurisé et de haricots secs, puis enfourner pour 15 minutes.

LA GARNITURE

Peler les bananes et les couper en quatre dans le sens de la longueur. Mettre le beurre à chauffer dans une poêle portée sur feu moyen. Quand il commence à grésiller, ajouter les bananes et le sucre, et faire cuire jusqu'à ce que les bananes commencent à caraméliser.

LA CRÈME COCO

Mélanger les ingrédients de la crème. Faire chauffer le mélange à feu doux dans une poêle, en remuant au fouet pendant quelques minutes, jusqu'à obtention d'une crème épaisse et ferme.

LA MERINGUE

Fouetter les blancs en neige à l'aide d'un batteur électrique, en ajoutant progressivement le sucre jusqu'à obtenir une meringue ferme.

LE FAÇONNAGE

Déposer les bananes caramélisées et les morceaux de chocolat sur la pâte précuite, puis les recouvrir de la crème coco.
À l'aide d'une cuillère ou d'une poche à douille, repartir la meringue sur toute la surface de la tarte, jusqu'au bord.

LA CUISSON ET LE SERVICE

Baisser la température du four à 170 °C.
Enfourner et laisser cuire jusqu'à ce que la meringue soit légèrement dorée, pendant 30 minutes environ.
Laisser refroidir et mettre au réfrigérateur durant au moins 3 heures avant de servir.

sandwich glacé

*À la recherche d'une recette de « ice cream sandwich » comme ceux que je mangeais enfant ,
je me suis dit que personne ne pourrait faire ça mieux que David Lebovitz. L'ancien chef
pâtissier du célèbre restaurant Chez Panisse à Berkeley, il a écrit de nombreux articles,
à la fois sur les glaces et sur les pâtisseries (www.davidlebovitz.com).*

POUR LES BISCUITS

225 g de beurre doux ramolli
250 g de sucre en poudre
½ c. à c. d'extrait de vanille
1 gros œuf
1 gros jaune d'œuf
75 g de cacao en poudre
420 g de farine T65 ou T55
2,5 c. à c. de levure chimique
2 pincées de sel
cassonade pour saupoudrer les
biscuits

POUR LA GARNITURE

12 boules de crème glacée

LA PÂTE

Battre le beurre et le sucre énergiquement, à l'aide d'un robot ou à la main,
jusqu'à ce que la consistance soit crémeuse et aérée. Incorporer la vanille, l'œuf,
le jaune d'œuf et le mélange d'ingrédients secs, en continuant de battre jusqu'à
obtention d'un mélange homogène. Mettre cette pâte au réfrigérateur pendant
au moins 1 heure. Auparavant, David conseille de la diviser en quatre parties
égales, de rouler chaque quart en forme de bûche d'un diamètre de 4 cm environ,
d'emballer les bûches dans du film alimentaire et de les réfrigérer ; ensuite, il est
aisé de trancher les bûches en petits disques uniformes d'une épaisseur de 1,5 cm
environ.

LA CUISSON

Préchauffer le four à 175 °C. Déposer les snaps, qu'ils soient sous forme de disques
ou de rectangles (voir l'astuce ci-dessous), sur la plaque du four recouverte de
papier sulfurisé, enfourner et laisser cuire pendant 11 minutes environ, jusqu'à ce
que les biscuits soient gonflés et presque fermes. Les sortir du four, les saupoudrer
de cassonade et les laisser refroidir pendant au moins 10 minutes à température
ambiante.

LE FAÇONNAGE

Transférer les biscuits sur une grille à pâtisserie. Une fois qu'ils sont complètement
refroidis, façonner les sandwiches en aplatissant une boule de glace entre 2 biscuits.

*ASTUCES : Si vous voulez faire des sandwichs rectangulaires, voici ma technique:
mettre la pâte entière au réfrigérateur sans faire les bûches ; quand elle est bien
froide, l'aplatir avec un rouleau fariné sur une surface couverte de papier sulfurisé et y
découper des petits rectangles avec un couteau et une carte en plastique lisse et farinée
comme guide (par exemple, j'utilise ma carte de bibliothèque, qui n'a pas de relief).*

chausson frit à la cerise

Cette recette s'inspire des « cherry pies » que McDonald's faisait quand j'étais petit.
Elles n'étaient pas franchement saines, mais elles étaient incontestablement délicieuses.
Mes tourtes frites sont plus petites et uniquement faites d'ingrédients naturels,
mais je suis sûr que vous les trouverez tout aussi addictives.

POUR LA PÂTE

250 g de beurre doux froid
coupé en petits dés
500 g de farine
50 g de sucre glace
1 c. à c. de sel
8 c. à s. d'eau froide

POUR LA GARNITURE

500 g de griottes dénoyautées
100 g de sucre en poudre
2 c. à s. de jus de citron
1,3 c. à s. de Maïzena

POUR LA CUISSON

1 l d'huile de friture
sucre glace pour saupoudrer

LA PÂTE

À l'aide d'un robot ou d'une fourchette, sabler le beurre avec les ingrédients secs, puis incorporer l'eau à la main jusqu'à obtention d'une pâte homogène. La rouler en boule, l'emballer dans du film alimentaire et la réserver au réfrigérateur pendant au moins 1 heure. Faire chauffer l'huile à 190 °C dans une casserole profonde ou dans une friteuse.

LA GARNITURE

Mélanger le jus de citron avec la Maïzena. Mettre ce mélange ainsi que les cerises et le sucre dans une poêle portée sur feu moyen et faire cuire le tout pendant 10 minutes en remuant.

FAÇONNAGE

Sur un plan de travail bien fariné, étaler au rouleau à pâtisserie la boule de pâte en rectangle, puis découper ce dernier en neuf carrés de même taille. Aplatir un peu les bords des carrés avec un doigt fariné. Répartir la garniture au milieu d'une moitié de chaque carré de pâte et mouiller les bords avec un doigt. Plier les carrés en deux pour enfermer la garniture, puis souder les bords en les pinçant avec les doigts. Couper le surplus de pâte et vérifier que les bords sont bien fermés.

LA CUISSON ET LE SERVICE

Plonger les tourtes dans l'huile bouillante de façon qu'elles soient complètement immergées. Les laisser cuire pendant 5 minutes environ. Égoutter les fried cherry pies sur une grille à pâtisserie, puis sur du papier absorbant, et les saupoudrer de sucre glace.

pop pies

Les Kellog's Pop Tarts étaient conçus pour être réchauffés dans un grille-pain.
Voici une version maison très facile à réaliser. J'utilise de la confiture de myrtilles
et myrtilles fraîches, mais libre à vous d'expérimenter d'autres mélanges.

POUR LA PÂTE

250 g de beurre doux froid
coupé en petits dés
500 g de farine
1 c. à c. de sel
50 g de sucre glace
7 c. à s. d'eau froide
1 c. à s. de jus de citron

POUR LA GARNITURE

9 c. à s. de confiture de myrtilles
sauvages
9 c. à c. de myrtilles

POUR DORER ET SAUPOUDRER

1 œuf battu
1 c. à c. d'eau
un peu de sucre

LA PÂTE

Sabler le beurre avec les ingrédients secs à l'aide d'un robot ou d'une fourchette, puis incorporer l'eau et le jus de citron à la main jusqu'à obtention d'une pâte homogène. La rouler en boule, l'emballer dans du film alimentaire et la laisser reposer au réfrigérateur pendant au moins 1 heure. Préchauffer le four à 180 °C.

LE FAÇONNAGE

Sur un plan de travail bien fariné, étaler au rouleau à pâtisserie la boule de pâte en rectangle, puis détailler ce dernier en dix-huit petits rectangles de même taille à l'aide d'un couteau et d'une carte en plastique lisse farinée (si le plan de travail n'est pas assez grand, diviser la pâte en deux et détailler chaque moitié en neuf petits rectangles).

Aplatir légèrement les bords des rectangles avec un doigt fariné, puis déposer au milieu de neuf d'entre eux une grosse cuillerée de confiture et une petite cuillerée de myrtilles, en faisant attention d'éviter les bords. Avec un doigt, humidifier les bords des rectangles où se trouve la garniture et recouvrir chacun d'eux d'un autre rectangle de pâte. En évitant d'appuyer sur la garniture au milieu, fermer les bords en les pressant un peu avec un doigt fariné, puis les souder en appuyant plus fermement à l'aide d'une fourchette. Couper le surplus de pâte et, avec un couteau, faire des petites incisions sur le dessus.

LA CUISSON

Mélanger le jaune d'œuf et l'eau, en badigeonner les tourtes et les saupoudrer de sucre. Les enfourner et les laisser cuire pendant environ 20 minutes, jusqu'à ce qu'elles soient bien dorées. Les servir chaudes ou froides.

ASTUCE *Au moment de servir les tourtes, vous pouvez bien sûr les réchauffer au grille-pain.*

whoopie pie

Lorsque j'étais enfant, ma famille aimait visiter «le pays des Amish» à Lancaster, Pennsylvania juste à cote de New York où l'on trouvait ces incroyables restaurants qui servaient à volonté. Le whoopie pie, un de leurs desserts traditionnels, est présenté aujourd'hui comme le nouveau cupcake dans la tendance « pâtisserie nostalgique ».

POUR LES BISCUITS

85 g d'huile de noix de coco ramollie
130 g de sucre brun
(ou 120 g de sucre en poudre
+ 10 g de mélasse)
2 pincées de sel
2 jaunes d'œuf
35 g de cacao
10 cl d'eau
210 g de farine T65 ou T55
1 c. à s. de levure chimique

POUR LA GARNITURE

2 blancs d'œuf
2 pincées de sel
100 g de sirop de sucre
de canne
100 g de sucre glace
1 c. à c. d'extrait de vanille

LA PÂTE

Préchauffer le four à 200 °C. Mélanger la farine, la levure et le cacao. À l'aide d'un robot ou à la main, battre énergiquement l'huile de noix de coco et le sucre brun jusqu'à ce que la consistance du mélange soit crémeuse et aérée. Incorporer les jaunes d'œuf, puis le mélange de farine, le sel et enfin l'eau, en continuant de battre jusqu'à obtention d'une pâte homogène.

LA CUISSON

Déposer des boules de pâte de la taille d'une grosse cuillerée à soupe sur une plaque à pâtisserie recouverte de papier sulfurisé. Enfourner et laisser cuire pendant 8 minutes environ, jusqu'à ce que les biscuits soient bien gonflés et assez fermes. Laisser refroidir ensuite.

LA GARNITURE

À l'aide d'un fouet électrique, battre les blancs d'œuf avec le sel et, quand ils commencent à mousser, ajouter petit à petit le sirop de sucre de canne. Lorsque le mélange a doublé de volume, ajouter petit à petit le sucre glace et la vanille, en continuant à fouetter jusqu'à ce que la consistance de la préparation soit homogène et mousseuse.

LE FAÇONNAGE

À l'aide d'une cuillère ou d'une poche à douille, répartir la garniture sur la moitié des biscuits, puis refermer avec le reste des biscuits.

REMERCIEMENTS

Steven Alan
Keda Black
Arlette Coron
Gabriel Coron
Rose-Marie Di Domenico
Paul Feldsher
Jerry Grant
Roslyn Grant
Abel Grossman
Eliot Grossman
Pauline Labrousse
Félix Stive
Amaury de Veyrac
Ayla Yavin

LES BONNES ADRESSES À NEW YORK

BabyCakes
248 Broome Street
Bakeri
150 Wythe Avenue, Brooklyn
Four and Twenty Blackbirds
439 3rd Avenue, Brooklyn
Junior's
386 Flatbush Avenue, Brooklyn
Marlow & Sons
81 broadway, brooklyn
Steve's Authentic Keylime Pies
204 Van Dyke Street, Brooklyn
Zabar's
2245 Broadway, Manhattan

SHOPPING

Kitchenaid www.kitchenaid.fr
Mora www.mora.fr
Foglinen work www.foglinenwork.com

Relecture : Chloé Chauveau et Marie-Ève Lebreton

© Hachette Livre (Marabout) 2011
Dépôt légal : janvier 2012
ISBN : 978-2-501-07445-2
4100707-10
Imprimé en Espagne par Graphicas Estella en février 2015

Ngan Tran à Bob's Kitchen

Illustrations par Jane Teasdale: janeteasdale.tumblr.com